EL PODER DE SEGUIR ADELANTE

Por María del Pino

Compre este libro en línea visitando www.trafford.com/08-0085
o por correo electrónico escribiendo a orders@trafford.com

La gran mayoría de los títulos de Trafford Publishing también están disponibles en las principales tiendas de libros en línea.

Editado por: Adriana Cleves

Aviso a Bibliotecarios: La catalogación bibliográfica de este libro se encuentra en la base de datos de la Biblioteca y Archivos del Canadá. Estos datos se pueden obtener a través de la siguiente página web: www.collectionscanada.ca/amicus/index-e.html

ISBN: 978-1-4251-6923-7

www.trafford.com/4501

Para Norteamérica y el mundo entero
llamadas sin cargo: 1 888 232 4444 (USA & Canadá)
teléfono: 250 383 6864 • fax: 250 383 6804 • correo electrónico: info@trafford.com

Para el Reino Unido & Europa
teléfono: +44 (0)1865 487 395 • tarifa local: 0845 230 9601
facsímile: +44 (0)1865 481 507 • correo electronico: info.uk@trafford.com

10 9 8 7 6 5 4 3 2

Este libro se lo dedico a mi padre Luis A. del Pino, que en paz descanse, a quien perdí hace dos años; a mi madre María M. del Pino, que en todo momento estuvo cuidándome; a mi hermano Juan Carlos, quien me cuidó los 34 días que estuve internada; a los terapistas del hospital de rehabilitación, quienes con su ardua tarea logran que los pacientes se rehabiliten y gracias a ellos, pude caminar de nuevo a base de ejercicios; a Lucy, compañera de estudios desde los 11 hasta los 17 años; y a los paramédicos que me auxiliaron y me devolvieron a la vida.

La fuerza y el poder de seguir adelante. Mi historia es acerca del accidente ocurrido el 8 de enero del año 2000. Es increíble la forma como pasan las cosas. Desperté en un hospital con muchas máquinas alrededor y pensé que estaba soñando. Le pregunté al sacerdote: ¿qué pasó? y él respondió: "Big car accident" (accidente grande). Me toqué el rostro lleno de heridas por los vidrios y me di cuenta de la triste realidad. La enfermera consternada porque había vuelto en si, corrió a llamar al doctor Maot y él me dijo muy emocionado: "lucky you", "you lucky". Milagro de Dios.

Dios está lejos de los malvados, pero escucha la oración de los buenos y les concede sus peticiones.

Este libro lo escribí con mucho amor para enviar un mensaje a todas las personas que sufren algo parecido; para que traten de salir adelante y luchen con todas sus fuerzas. Yo logré caminar y que mi brazo se moviera, aunque no lo alzo demasiado; logré mucho a partir de una lucha constante a base de ejercicios. Escribir este libro me tomó algunos años porque cada vez que recordaba e intentaba escribir, terminaba llorando. Además, lo escribí en mis ratos libres porque parte del tiempo lo ocupo ahora haciendo diligencias de mi madre y mi esposo, a quien acompaño a ver a los clientes porque me gusta alternar con las personas.

Pronto voy a estudiar cocina *gourmet* para poder sentirme útil otra vez, puesto que toda mi vida he trabajado y me resulta difícil no contar con dinero. Considero que siempre hay que fijarse metas en la vida y es maravilloso cuando logran cumplirse.

Hermosos y específicos detalles

Para este libro me dije por qué no escribir sobre lo que me pasó y la forma como salí adelante con valentía, fuerza y tenacidad. Publicarlo sería mi vivencia, 'algo maravilloso', y ejemplo para muchas personas que sufren accidentes y otro tipo de problemas, a fin de que luchen con todas sus fuerzas; si uno puede todos pueden. Para mi fue duro y doloroso, pero logré caminar, y luego, mover el brazo después de la operación y la terapia del hombro.

Yo disfruto de las cosas simples de la vida como el aire, que acaricia y refresca mi rostro; los manantiales de agua, la naturaleza, las flores, los prados verdes y el cantar de los pájaros por las mañanas. Observando todo esto pienso que la vida es un regalo de Dios.

A un año del accidente

Traté de conseguir más información acerca del accidente, así que busqué a uno de los testigos: Cortes, un hombre de sonrisa amable que me dijo: "Yo no sé usted qué hace aquí. En tantos años nunca había visto un accidente así. Un carro corría a una velocidad increíble, 55 millas por hora, y usted venía tranquilita a 25 millas por hora. Cuando pasó fue como una bala y luego se escuchó una explosión fortísima". Él vio cómo mi carro daba tres vueltas en el aire y las ruedas quedaban hacia arriba. Dijo que yo estaba completamente cubierta de sangre y él, pese al tremendo impacto, tocó desesperado la ventana de mi carro y llamó al 911.

Me vio blanca como un papel y dijo: "ojalá esté viva". Los carros de la policía llegaron y cercaron inmediatamente la calle. Los bomberos también llegaron e intentaron sacarme. Como el carro quedó con las ruedas hacia arriba, debieron cortar un pedazo del carro para sacarme. Los paramédicos me envolvieron en una sábana blanca. Tenía paro cardiaco y ellos trataron desesperadamente de resucitarme y lo lograron. Me devolvieron a la vida, aunque mi estado era muy delicado y presentaba varios traumas. Fui trasladada al hospital.

Yo recibí la extremaunción

Rodeada de aparatos y como estaba muy débil, llamaron al sacerdote para darme la extremaunción. En ese momento, abrí los ojos y me encontré con los inmensos ojos azules del sacerdote y le pregunté: ¿qué pasó? Él me respondió: "Big car accident", entonces me agarré la cara llena de heridas por los vidrios y pude darme cuenta de la triste realidad. La enfermera llamó al doctor Maot y él me dijo: "You lucky, you lucky", yo le dije: "Doctor, tengo mucho dolor y es muy fuerte" y enseguida él gritó: "Morfina, morfina".

En ese lapso de tiempo cuando el sacerdote me estaba dando la extremaunción, alcancé a ver una luz muy fuerte y luego, la entrada a un hermoso cielo azul donde había personas vestidas de blanco, de todas las edades. Yo me acerqué a una de esas personas que tenía cabellera larga y me esperaba con los brazos abiertos, era Dios. Entre más me acercaba, sentía algo maravilloso, celestial. Cuando estuve frente a él, me tocó la frente y sentí una paz inexplicable. No tengo palabras para describirlo.

Sin embargo, pudo más mi deseo de vivir; me aferré a la vida al pensar en mis seres queridos y abrí los ojos. El sacerdote estaba dándome los santos óleos. Fue un regreso divino. Creo que mi misión no ha terminado y es ayudar a gente muy pobre y a personas que sufren de la mente.

Yo estuve en coma

Cuando me estaban dando los santos óleos, sentí que mi cuerpo volaba y se iba a través de una luz muy blanca. Luego, surgieron una luz azul como el cielo, ángeles de todos los tamaños y una persona que me abría los brazos. Para mí era Dios. Su rostro reflejaba bondad y dulzura. En ese sitio sentía una paz increíble, infinita y mucha tranquilidad. Era maravilloso y no hay palabras para describirlo. Cuando me acerqué más a él, su dedo tocó mi frente y enseguida abrí los ojos y vi al sacerdote que me estaba dando los santos óleos.

Cuando me di cuenta de la triste realidad, estaba totalmente inmóvil y le pedí a Dios que me ayudara. Las enfermeras atónitas me miraban porque acababa de salir de un estado de amnesia. Estuve con morfina durante una semana para no sentir dolor, pero ya era consciente de lo que pasaba alrededor y pude saber quiénes me querían y quiénes no.

Al pensar en esos momentos me exalto y doy gracias a Dios por haberme dado la posibilidad de seguir al lado de mis hermanos y mi querida madre, que me necesitan. Todos los días doy gracias a Dios por un nuevo día de vida.

El regreso a la vida

La vida es bonita, dura y frágil como un cristal. Al estar tan cerca de la muerte uno se da cuenta que nada en este mundo material vale la pena, sólo lo espiritual. Yo estuve cerca de la muerte y en ese momento, lo único que sentí fue paz y tranquilidad; fue bello. Cuando le conté a mi madre sobre esa experiencia, me dijo con los ojos llenos de lágrimas: "te quiero mucho". Todos los días doy gracias a Dios por esa segunda oportunidad y por permitirme ayudar a mi madre y mis hermanos, en especial a uno que sufre de los nervios.

No es fácil, pero luchamos como gladiadores en la vida. Mi madre es un ángel que tiene esa fuerza dada por Dios. Como dicen: "Para adelante, pues hacia atrás ni para coger impulso".

Gente Indolente

Mi hermano Lee fue a verme horas después del accidente. Yo estaba con morfina, pero conciente de lo que pasaba a mi alrededor y por eso pude escuchar que decía: "así como la ves tiene plata". Me sentí muy mal, pero dejé que el tiempo pasara. Cuando estuve más fuerte, lo llamé y le dije: "Quisiera que estuvieras en mi lugar y yo en el tuyo para que supieras cuánto sufro. No le deseo esto ni a mi peor enemigo".

Ese es mi hermano. Con sus hijos mayores fui la tía que hubiera querido tener.

El mundo está lleno de personas mal agradecidas y de conceptos errados de familia.

Hilos de sangre en el cerebro

Por el accidente sufrí una conmoción cerebral, es decir, se formaron hilos de sangre en el cerebro. Eso me produjo amnesia y provocó que repitiera incesantemente: "¿qué pasó? Después del momento en que traté de evitar el accidente, no recuerdo más, sólo hasta cuando el sacerdote me dio los santos óleos. Desde entonces, empecé a pensar que todo ha sido "un milagro de Dios" y doy gracias cada día que conozco sobre un caso parecido. Supe de alguien que también tuvo una contusión y que llevaba varios años en terapia sin recordar a su familia, pero hace poco logró recordar algo y eso me hizo sentir bien.

El 3 de septiembre de 2006, vi una película sobre un abogado que quedó paralizado y salió adelante poco a poco, aunque tenía algo en el cerebro que le impedía recordar y por eso no quería volver a su hogar porque no recordaba a nadie. Eso me produjo mucho sentimiento y deseos de darle gracias a Dios por el milagro que hizo en mí.

A mí no me gustan las injusticias y he tratado de hacer el bien, aunque me han pagado mal. He cumplido y Dios lo sabe. En mi vida he tratado de ser justa y una mejor persona, un buen ser humano.

Clavícula rota

Empecé a caminar poco a poco con bastón. Pensaba que tenía que seguir luchando y debía hacerlo. Mi madre me bañaba el hombro y trataba de que el agua llegara a todas partes, pero no podía y yo sentía un dolor terrible, que empezaba en el brazo y terminaba en el hombro. Me salieron hongos por la humedad y el dolor era inaguantable.

Ahora me pongo a pensar y digo qué valentía, qué entereza verme así y no sentir lástima de mí misma. Sólo pedía fuerzas a Dios para seguir adelante y él me ayudó, aunque yo puse mucho de mi parte. Si yo lo logré, todos pueden hacerlo.

Sopa de pata de res

De tanto dolor, el cuerpo no tenía energía y yo sólo quería dormir y dormir. La doctora le dijo a mi esposo que evitara acercarme a personas enfermas porque las defensas estaban bajas.

Fue entonces que a mi madre se le ocurrió prepararme cada semana, sopa de pata de res, durante mi recuperación. Prepararla demoraba horas porque había que sacarle la grasa y las patas se hacían como crema. La sopa de pata de res resultó un milagro, ya no dormía tanto, tenía más energía, y caminaba más. Esa sopa no sólo era rica, sino que me alimentaba y me daba energía.

Le doy gracias a mamá por su brillante idea, y a Dios por darme una madre como ella. Me siento orgullosa de que mamá en ningún momento me desamparó. ¡Dios la bendiga!

Meses después

Pasados cuatro meses del accidente, empecé a tener un fuerte dolor en el estómago. Aunque ese dolor lo sentía desde antes del accidente, nunca falté al trabajo porque éste siempre estaba en primer lugar. Sin embargo, los dolores se hicieron más intensos y me diagnosticaron cálculos en la vesícula. Mi médica personal decidió remitirme al especialista para operarme. Yo le dije que se acordara que había tenido un paro cardíaco y ella me respondió que eso era diferente y todo iba a salir bien. Yo la admiro, es muy inteligente y me visitó cuando sucedió el accidente.

El especialista me explicó las consecuencias, me hizo firmar unos papeles y fijó la fecha de la cirugía. Cuando el día y la hora llegaron, estaba muy nerviosa. Me puse a llorar y debieron darme un calmante. Luego me pasaron a la sala de cirugía donde había muchas personas esperando ser operadas. Al llegar, el cirujano y sus ayudantes me llevaron en camilla hasta la mesa donde me sujetaron pies y manos y me colocaron anestesia. Hacía mucho frío en ese lugar. La operación duró dos horas y media. Fue un éxito. Al salir, estaban esperándome mi esposo, mi hermano Juan y mi inquilina, que tenía el mismo problema que yo, pero estaba a la espera de los resultados para operarse inmediatamente. Aunque me sentía débil por la operación, daba gracias a Dios y pedía bendiciones para el doctor que me operó.

En el pasillo mi hermano se acercó y preguntó si estaba bien, le respondí que sí, aunque me sentía débil. Salí en silla de ruedas y me llevaron a casa.

Los medicamentos para el dolor

Hidrocortisona, zidone, lodine xl, percosec, naproxin, endocet y vios, eran medicamentos muy fuertes y me hacían dormir. Una amiga que me visitó me dijo que tuviera cuidado porque generaban adicción. Empecé entonces a aguantar los dolores, pero lloraba porque sentía una especie de punzones. Aún así me dije: "Voy a aguantar los dolores y voy a hacer más ejercicios. Saldré adelante sin tantas pastillas para el dolor". De vez en cuando tomaba alguna cuando el dolor era muy fuerte y aún ahora lo hago. Los ejercicios me han ayudado mucho.

Risas en el corredor

Desde mi cuarto, sentada en la silla de ruedas, pude escuchar las risas de dos mujeres que conversaban. Yo las observaba y pensaba: "cuándo volveré a ser como ellas". Con el tiempo volví a conversar y reír nuevamente. Comencé a dar mis primeros pasos gracias a los ejercicios, la perseverancia y la tenacidad para poder salir adelante.

Volví a ver el lado bueno de la vida y a disfrutar las cosas simples que contiene como la naturaleza, los ríos, los manantiales, las flores, los prados verdes y el aire fresco de la mañana que me acaricia el rostro.

La vida es maravillosa.

Gente Indolente II

Una persona callada y observadora, machista, piensa que la mujer es su sirvienta y debe hacer lo que él dice o si no la insulta. Pido a Dios que me ayude a ser libre y poder así, ayudar a muchos niños pobres y personas enfermas de los nervios. Esa es mi misión.

Estando inmóvil en el hospital, le digo a mi esposo que tengo mucho dolor y él me responde: "Mi tío estuvo peor". ¡Qué consuelo! bajo su mirada indolente. Pasé muchos años en este país trabajando y jamás tuve vacaciones, pero a raíz del accidente comprendí que no todo es trabajo. La vida es corta, hay que disfrutar las vacaciones y vivir como si fuera el último día de la vida.

Primer día en el hospital

Enero 9 del 2000. A las siete de la mañana una ayudante de enfermería me movió el lado izquierdo con brusquedad y yo grité de dolor. Como también fui ayudante de enfermería, le dije: "¿No ve que tengo el brazo quebrado y una tira de tela que lo agarra? Yo trato a mis enfermos con amor. ¿Por qué no me despertó primero?" Ella se molestó. Muchas hacen el trabajo por dinero y me apena por los enfermos. Estaba en el pabellón de las fracturas y a los enfermos les decían: "Cállate la boca". Pero también había enfermeras cariñosas y piadosas, y eso me reconfortaba por mí y los demás.

Sé que Dios nos manda aquello que cree que podemos sobrellevar, pero a veces quisiera que no tuviera tanta confianza en mi fortaleza. Yo pensaba en frases como esas para darme ánimo en la rehabilitación y calmar el dolor.

Terapia en casa

A la semana de estar en casa tuve terapia para caminar mejor y dejar el bastón de cuatro patas por uno simple. Empecé los ejercicios moviendo la pierna accidentada. Eran ejercicios de fuerza y el terapista me ayudó mucho. Decía: "No te preocupes, volverás a caminar como antes". Estaba insegura y escuchaba lo que me iban diciendo. Así las cosas fueron sucediendo poco a poco. Comencé a caminar alrededor de la manzana del barrio con la ayuda del terapista enviado por mi trabajo. Pese a mi desgracia estuve rodeada de gente buena y eso me hizo sentir bien.

El golpe afectó mis riñones

El accidente estropeó mis riñones. Las piernas las tenía hinchadas, llenas de agua y con bolas de sangre. Yo me miraba y decía: "Voy a estar bien". Todos los días me inyectaban en el estómago para diluir los moretones y los coágulos de sangre, también me inyectaban para combatir la infección en los riñones. Logré superar esto con la ayuda de la doctora que me atendió y los demás profesionales (enfermeras, psicólogas, terapistas) del centro de rehabilitación. A todos los tengo presentes y estoy agradecida por la atención maravillosa que daban a todos los enfermos. Es increíble su ardua labor para que los enfermos logren recuperarse. Los admiro y pido a Dios que los bendiga.

Los ejercicios eran dolorosos

Tenía que hacerlos si quería caminar. En un comienzo la terapia me dolía mucho, pero continuaba con dolor y lágrimas. Tomaba un descanso y al rato seguía. A veces sentía que no iba a aguantar ejercicios en la mañana y en la tarde.

En el salón donde hacía los ejercicios había un espejo grande, pero yo evitaba mirarme porque el espejo reflejaba una imagen cansada por el dolor y el sufrimiento. Era duro verme en ese estado. Mi 'yo' interior no aceptaba esas condiciones en que me encontraba. Un día me propuse mirarme el espejo y al verme dije: "yo salgo de esto a como de lugar, y todo esto será un mal recuerdo. Luego podré sonreír otra vez" y así fue.

Evaluaron mi estado mental por el trauma sufrido y me enseñaron varias cosas como por ejemplo, cocinar con una sola mano porque tenía la clavícula rota. La vida es una continua lucha. Somos seres humanos que sentimos, flaqueamos, pero hay algo que nos lleva a luchar. Yo lo hice y logré salir adelante. Todos pueden hacerlo.

Estuve en dos hospitales. El primero, por trauma, donde pasé siete días con morfina. En ese estado, los terapistas me sentaban en la silla de ruedas y me decían que si quería volver a caminar debía hacer los ejercicios para la pelvis. Yo lo único que quería era dormir y dormir por efecto de los calmantes. Sin embargo, también le pedía a Dios que me ayudara porque tenía que volver a caminar y salir adelante. Eso pensaba en el lapso de los fuertes dolores antes de que volvieran a ponerme morfina. Yo era una persona activa y trabajadora y era difícil verme en una situación así. Por eso repetía: "yo salgo adelante, vuelvo a caminar y a mover mi brazo. Dios mío, ayúdame que así va a ser".

Dolores Punzantes

Era doloroso tener todo el lado izquierdo roto al mismo tiempo. Punzones, dolor, lágrimas. Pedía piedad y fortaleza para resistir esa prueba. Dolores agudos, cinco costillas rotas, al igual que la cadera y la pelvis, y un hombro roto. Una vez me atreví a tocarlo y era hueco, no tenía hombro. La clavícula también caía junto con el brazo y yo lo recogía con la otra mano. Estaba completamente inmóvil y me implantaron un catéter. Entonces pensaba cómo en un segundo cambia la vida de una persona.

¡Qué dolor! Los huesos rotos punzaban al mismo tiempo, especialmente en la noche cuando me daban pastillas para el dolor. En el día me ponían inyecciones de morfina. Pero yo estaba consciente de lo que pasaba a mi alrededor, por eso pude saber quiénes me querían y quiénes no.

Gracias a Dios y a la vida

Tengo mucho que agradecer a Dios, a pesar de los dolores. Tuve mucho sufrimiento y lágrimas por las costillas fracturadas y las piernas hinchadas. En el lugar donde fue el golpe se formó una bola de sangre grande. Aunque lloraba, pensaba que era valiente porque no gritaba de dolor. En esos momentos decía: "Tú Dios sufriste en la cruz más que yo, sufriste por nosotros. Te entrego mi dolor y sufrimiento".

Esto lo escribí en el hospital de rehabilitación porque quería escribir y era una buena terapia.

El día 24 de enero del 2000

Yo comencé a escribir sobre esto a los pocos días del accidente, sin pensar que algún día pudiera publicarlo.

Empecé así: "Dios, dame fuerzas, siento que a veces flaqueo. Van a operarme del hombro, está hueco, completamente descolgado. Me aburro porque estaba acostumbrada a ser una persona activa y trabajaba muchas horas. Extraño cocinar, limpiar mi casa y cuidar a mis enfermos. Veo a mi madre dormirse por la mala noche que pasa conmigo. Sólo una madre lo hace y espera a mi hermano para cambiar de turno. No quiero estar sola. En estos días me pesaron y he perdido mucho peso. Han venido a visitarme las enfermeras de mi trabajo. Yo era ayudante de enfermería y sé que debo comer, pero no tengo hambre. La comida de la cena la guardo para mi esposo, que llega hambriento y se la come toda como si nunca hubiera comido en su vida. Yo le hago falta en casa. Los dolores son horribles, profundos como punzones. Siempre me he preocupado por los demás y sé que tendré fuerzas para seguir. En adelante, no pienso soportar ninguna humillación porque quiero paz y tranquilidad el resto de mi vida".

Gente indolente III

Hay personas que no piensan en el dolor y el sufrimiento de los otros. Sólo piensan en ellos y sus familias. Hay que pensar en los demás; en ayudar a un niño con hambre o donar algo a organizaciones reconocidas. De esa manera, un granito se hace grande.

Este libro lo escribo para las personas que están pasando una situación como la que viví, a fin de que no decaigan y tengan fuerza y tenacidad para seguir adelante. Si yo lo hice, los demás también. Hay que decir: "Yo puedo salir adelante. Este es un mal momento en mi vida, pero lo lograré".

El 20% de las ganancias de este libro serán para los niños pobres y las personas que sufren de esquizofrenia, enfermedad que acarrea un sufrimiento tormentoso. Yo quiero ayudar a estas personas con todo mi corazón.

Adelante, para atrás ni para coger impulso

Si a alguien le pasa lo que a mi, no debe rendirse. Debe luchar con todas sus fuerzas. Dios nunca abandona nuestra fe. Por eso mi rehabilitación fue rápida, increíble, gracias a esa fuerza y voluntad que tuve para hacer los ejercicios. Aunque tenía la pelvis rota y los ejercicios resultaban dolorosos, sabía que debía volver a caminar. Cuando di mis primeros pasos como un niño que empieza a caminar, volví a sonreír.

Luego empecé a trabajar el brazo izquierdo, que estaba soldando y requería tiempo y terapia de ejercicios. Estaba completamente inmovilizado y roto. El doctor me dijo: "Voy a operarte, pero no te va a gustar como va a quedar, muchas cicatrices y metal, pero estás joven y eso va a soldar solo". Con el tiempo pude ver que tenía razón. Él me remitió al mismo hospital en el que recibí rehabilitación para volver a caminar. Asistí como paciente externa al primer piso, donde había un gimnasio muy grande.

Hospital de rehabilitación

En el hospital me pesaron, pesaba 148 libras y al mes, 20 libras menos. Dormía boca arriba. Durante seis meses no podía moverme por el hombro.

Como la doctora ordenó que me sacaran sangre todos los días, hablé con ella y le dije que eso no podía ser así. Tenía ejercicios dos veces al día y además, no comía por la tristeza. Me preguntaba, como todos los seres humanos: ¿por qué a mí? si sólo me había dedicado a ayudar a mis semejantes. La doctora me dijo que eso le pasaba a los buenos y no a los malos.

En la terapia de las tardes aprendí a tender mi cama con una mano y a cocinar cosas simples como sancochar un huevo o hacer tostadas. Eso me sirvió mucho.

El último día, la doctora fue a verme y cuando le dije que pronto me iba, ella dijo que si no iba a quedarme dos semanas más. Pero yo sólo quería irme. Durante ese mes, todo lo que comía, lo vomitaba. Mi estómago estaba débil por tanto medicamento y no quería comer. No sé de dónde sacaba fuerzas para salir adelante sin comer, pero lo hice y quería regresar a casa. No soportaba estar ahí, aunque la doctora insistía y lo hacía por mi bien, algo que entendí después. Ella se ocupó de cada detalle, ordenó ponerme inyecciones en el estómago para mejorar la circulación y así, los moretones fueron desapareciendo. La bola de sangre tardó más de un año en desaparecer. Para la infección de los riñones como consecuencia del accidente, me recetó antibióticos. Para las piernas hinchadas me pusieron medias especiales elásticas. Cuando empecé a moverme empezaron a desinflamarse.

Además, sufrí una contusión en el cerebro y por eso tuve amnesia y a cada rato repetía: ¿Qué pasó? Luego mi mente se normalizó. Siempre me sorprendo y admiro por la forma como soporté los dolores y salí adelante. Yo pensaba que no tener sentido del humor hacía la vida imposible y por eso trataba de pasarla mejor.

Hospital de rehabilitación II

Una semana después, los doctores tomaron la decisión de enviarme al hospital de rehabilitación cerca de mi casa. Fui trasladada en una ambulancia, iba acompañaba de mi hermano Juan, que siempre estuvo a mi lado. En el hospital me hicieron una serie de exámenes, uno de ellos para los coágulos. El doctor dijo: "Si tienes coágulos cerca del corazón, ve diciéndole adiós a tu familia". Pero todo salió bien y respiré profundo.

Allí conocí a la psicóloga, muy buena persona, quien me ayudó mucho emocionalmente. Siempre la recuerdo con cariño, lo mismo que a los terapistas. Con ellos hacía ejercicios a las 10:00 de la mañana y a la 1:45 de la tarde.

Mi madre pasó varias noches conmigo atendiéndome. Yo no la dejaba dormir por mis dolencias: "Mami, me duele; mami, que me chequeen el catéter; mami, tengo fiebre, llama a la enfermera¨. Sólo una madre hace esto. Yo la adoro por ser tan maravillosa. En la mañana traían el desayuno y yo no comía porque la comida me sabía a corcho. Mi madre me alistaba y se iba apenas llegaba mi hermano Juan, quien me llevaba en silla de ruedas hasta el piso donde hacía los ejercicios.

Los terapistas se llamaban Karen, una rubia tierna pero con carácter, y Gary, ambos hacían un trabajo excelente. Yo sentía morir con los ejercicios, lloraba mucho, pero debía hacerlos. Había un espejo grande, pero jamás me miraba. El dolor me había demacrado y cada día perdía más peso.

Al terminar me bajaban a mi cuarto y las enfermeras, muy dulces, me daban un calmante para estar lista en la tarde. La terapia era diferente a la de la mañana. En la tarde me enseñaban a valerme por mí misma con una mano. Como tenía dolor, sólo quería descansar pero los terapistas me animaban. Eran personas maravillosas.

Hospital de rehabilitación III

El hospital era hermoso y muy limpio. Las enfermeras, amorosas, bañaban en las noches a los pacientes. Yo no me atrevía a meterme en la ducha, me daba miedo resbalarme. Por eso mamá se levantaba a las seis de la mañana y me llevaba en silla de ruedas hasta el baño para darme un baño de esponja.

Yo era la más joven, todos eran ancianos con ganas de caminar. La mayoría estaban ahí por la cadera rota o un derrame y no podían caminar. La terapia para lograrlo era fuerte y el progreso de la mayoría era lento.

Al desayuno como yo no comía nada, sólo té o leche, las mujeres más viejas me decían de buen humor: "María sonríe", pero yo no podía. Un abuelo que me veía muy triste me decía que tomara Prozac, que era muy bueno para la depresión.

Pero seguía adelante con mis ejercicios y tomaba pastillas para el dolor. Poco a poco empecé a progresar y di mis primeros pasos con la ayuda de los terapistas.

Los terapistas cumplían una labor ardua y admirable para que todos volvieran a caminar. Algunos lo lograban y otros no. La psicóloga, una mujer maravillosa, me decía que tuviera paciencia, que volvería a caminar. Siempre la recuerdo con cariño. Me agarraban como un bebé cuando empieza a caminar, y empecé a hacerlo con muchas lágrimas.

Un día, Karen, la terapista me dijo que caminara sola y yo le pregunté que pasaba si me caía. Ella me respondió que no tuviera miedo, así que empecé a caminar con ayuda de un bastón de cuatro patas. No lo podía creer, aunque me sentía insegura, seguía caminando sola. Estaba emocionada y contenta, pero sabía que faltaba más por hacer y poco a poco lo lograría.

La terapia del brazo izquierdo

Al llegar al hospital de rehabilitación me acerqué a una de las terapistas, una dulce mujer de Hong Kong, quien leyó la orden del doctor para empezar los ejercicios del hombro izquierdo. Trató de medir hasta donde podía mover el brazo, pero no podía alzarlo. Iba a ser una tarea difícil, pero empezamos poco a poco con las máquinas y los movimientos del brazo. Hacía hasta donde podía aguantar y la terapista decía que yo era fuerte para los ejercicios. Después de un tiempo logré mover el brazo. Todas las terapistas fueron maravillosas, pero en especial Karen, Gary y Ángela.

La psicóloga también jugó un papel importante. Me ayudó emocionalmente a controlar la rabia porque eso impedía que avanzara. Ella buscaba el bienestar de sus pacientes y por eso, la recuerdo con cariño.

Como el dolor del brazo persistió, el doctor ordenó inyecciones de hidrocortisona, que me calmaron por un tiempo. Pero el dolor siguió y por eso hablé con el doctor y él dijo que debía cortarme un pedazo de hueso que sobró al momento de soldar, pues eso me causaba el dolor. Decidí entonces operarme en el hospital de New Jersey. El día de la operación estuve nerviosa. La sala de operaciones era fría. Me sujetaron a una mesa de mármol y luego me anestesiaron. El doctor bromeaba conmigo y decía que había olvidado qué brazo debía operarme. Yo estaba tensa y le pedía que no se equivocara, él sólo sonreía. La operación fue un éxito, duró dos horas y media. Cuando desperté di gracias a Dios por todo. Como necesitaba volver a mover el brazo, busqué a Ángela, la terapista de Hong Kong.

Me dieron de alta en el hospital

Miraba a través de los ventanales la nieve que cubría la superficie como una alfombra blanca mientras yo esperaba el taxi. Me despedí de Catherine, la psicóloga, a quien recuerdo con cariño por su preocupación con los pacientes. Un taxi me llevó a casa. El taxista y mi esposo me ayudaron a entrar. Noté la casa extraña y que mis plantas estaban muertas. Le pregunté a mi esposo si las había regado y dijo que sí, pero que habían muerto. Pienso que me extrañaron y yo también. Estaba contenta de regresar a casa.

Mi vecina Elsie

Cómo no recordar a mi vecina, una dulce anciana de 83 años de New Jersey. Ella me visitaba frecuentemente. Siempre aparecía por la puerta de la cocina para hacerme compañía. Yo le brindaba un vaso de jugo y ella me decía: "Tú eres un milagro de Dios". Ella me contó que cuando trajeron el carro accidentado se puso muy nerviosa, tanto que no pudo manejar en dos semanas y se preguntaba cómo me había salvado si el carro estaba completamente destrozado. Elsie murió al año de mi accidente. La extraño y recuerdo con mucho cariño cuando me decía: "Tu eres un milagro de Dios".

Treinta días sin comer

Desde el día del accidente hasta que salí del hospital, no comía nada. Sólo picaba como un pajarito. No sé cómo pude sobrevivir, haciendo ejercicios en la mañana y en la tarde, sacándome muestras de sangre todos los días, aplicándome inyecciones en el estómago para los coágulos, con moretones en todo el cuerpo y una gran bola de sangre en la pierna izquierda.

No comía nada y lo que comía, lo vomitaba porque mi estómago no toleraba nada. Aún así pensaba que saldría adelante a como diera lugar y milagrosamente, lo logré.

El apoyo de mi madre y sus cuidados fue importante. Todos los días llegaba a cocinar, limpiar y lavar. Me dio mucho cariño y todos los cuidados que sólo una madre tan abnegada sabe dar. La adoro. No olvido que para cuidar mis dientes era maravillosa, y que tocó las puertas de muchas personas para lavar ropa.

Un proverbio: "Escucha de tu padre las cosas buenas que te dice y no desprecies a tu madre cuando llegue a vieja".

Rezagos del accidente

El 26 de agosto de 2005 sentí muchos dolores en el lado izquierdo de la cadera y en la espalda, de abajo hacia arriba. El doctor me recetó hidrocortisona, pero cuando me sentía mejor olvidaba tomarla y el dolor aparecía de nuevo. Tomaba también desinflamantes y en un par de semanas estaba mejor.

Pese a los dolores trato de salir adelante porque siento que tengo mucho que hacer por mi madre, mi familia y mis semejantes. Aunque los dolores me deprimen, me levanto y leo un buen par de libros que me ayudan mucho.

La escritura de este libro ha tardado porque al comienzo lloraba cada vez que recordaba, pero con el tiempo estoy más fuerte y tranquila. Bien dicen que el tiempo todo lo cura, por eso cuando estoy alegre, disfruto con alguna ocurrencia. Carecer de sentido del humor hace la vida imposible.

El carro accidentado

A las dos semanas de haber salido del hospital el seguro llamó para decir que se llevarían el carro accidentado. Aunque al comienzo no quería ver el carro, le dije a mamá que quería verlo antes de que se lo llevaran y ella me ayudó a bajar las escaleras. Me acerqué, lo examiné por dentro y por fuera, y miré el asiento donde iba sentada. Estaba destrozado como un acordeón. Miraba y no podía creer que hubiera estado ahí. Sentí el abrazo de mi madre y me dio valor.

El mundo es de los valientes y siempre hay que luchar. La vida tiene sus cosas malas, pero también bonitas. Siempre pienso que soy un milagro de Dios.

Un proverbio: "Las trampas de los impíos se volverán contra ellos y se perderán en sus propias maquinaciones".

Lisa me decía: "don't be depressive"

Como olvidar a Lisa, mi inquilina, siempre tan alegre. Tenía motivos, estaba terminando la universidad. Ella solía tocar la puerta y decirme que no estuviera triste. Me dio mucho ánimo cuando empecé a caminar con el bastón y ella me acompañaba. Con sus bromas conseguía hacer reír a mi esposo. Lisa me decía que estar triste era malo y que necesitaba sonreír para recuperarme. A los once meses de ocurrido el accidente pude caminar como antes. Con la terapia del brazo me sentí bien de tan sólo pensar que podría moverlo nuevamente.

Cuando se acercaba la fiesta de *Thanksgiving* o acción de gracias, Lisa me preguntó si podíamos preparar el pavo para ese día y yo acepté. Como era la primera vez que lo preparaba, llamé a papá quien siempre cocinaba pavo en las fiestas y me dijo cómo prepararlo.

Empecé lavando el pavo, de tamaño regular, pero como había una parte muy congelada traté de sacarle el hielo sin resultado, y opté por bañarlo en licor, luego lo aderecé y lo guardé en la nevera hasta el día siguiente, cuando lo puse al horno por más de tres horas. Lisa preparó la papa majada, la ensalada y los dulces. También chequeaba el pavo. La cena quedó deliciosa. Ella comió y comió tanto que encontró la bolsa con el cuello y las patas del pavo. Todos reímos porque con bolsa y todo estuvo delicioso. Fue muy divertido e inolvidable ese episodio del pavo. Desde entonces, Lisa no deja de llamarme en vísperas de esa fiesta para saludarme. Ella se mudó a Nueva York. Yo la llamaba "crazy girl" por sus ocurrencias. Un día llegó disfrazada de Papa Noel y reímos mucho. Era fuera de serie. Siempre estuvo en momentos difíciles como la muerte de mi padre, dando aliento a todos. Doy gracias a Dios por las buenas amigas.

Rezagos del accidente

El 15 de febrero de 2001, cayó nieve. Todo se veía muy blanco y hermoso desde la ventana, pero algo peligroso. Mi esposo salió y no limpió. Yo quise ayudar y tire sal, y horas después traté de limpiar pero la nieve estaba muy dura, así que saqué lo que pude. Ese esfuerzo me produjo un dolor en el hombro, como si tuviera una herida profunda. Tomé medicina para el dolor y después de varios días me sentí mejor. Siempre que me siento bien, olvido que no puedo hacer ese tipo de cosas.

Lo mismo me pasó en otoño, cuando caen las hojas de los árboles. Me puse a ayudar con el trinche y después vino el dolor en el hombro, y estuve enferma por varios días. Igual sucedió en verano cuando preparé carne asada e invité a unos amigos que tienen tres hijos adoptivos. El peruano se llama Chris, es tierno y me encanta cómo saborea mi comida. Sus hermanos son Mateo y Verónica y el perro se llama "Rosita". También invité a mi amiga Ann, que tiene 84 años, es alemana, alta y elegante, y a otros amigos como mi abogado Maycol y su familia. Como les gustó lo que preparé me pidieron la receta de la barbacoa. Pero en la noche, cuando todos se fueron empezó el dolor y debí tomar la medicina.

Si tuviera ayuda sería diferente, pero mi esposo se siente menos hombre colaborando. Si asa carne, la quema y por eso prefiero hacerlo yo para que mis invitados se vayan contentos. Mi sobrino Iván es muy bueno para asar carne y varias veces me ayuda y lo hace muy bien.

Un proverbio: "El hombre pérfido fomenta la discordia, el criticón divide a los amigos".

Reencuentro con Karen

Al año del accidente fui al gimnasio de rehabilitación para hacer terapia del hombro y vi que una rubia se acercaba, era Karen. Apenas me vio corrió a mi encuentro y me abrazó muy contenta. Me decía que ya caminaba bien y yo estaba muy contenta de volver a verla. Karen me miraba y sonreía al ver su obra. Ella me ayudó demasiado para volver a caminar. Luchaba conmigo para que hiciera los ejercicios. Fue una terapista excelente que logró sacarme adelante.

No speeding

A las 10:30 de la mañana todos los enfermos debíamos estar listos en nuestros cuartos. Mi madre me dejaba arreglada y esperaba que mi hermano Juan llegara para hacer el turno de día. A veces llegaba tarde y entonces, un joven afroamericano entraba a las habitaciones y llevaba a los enfermos en silla de ruedas hasta el tercer piso, donde estaba el gimnasio para los internos. Cuando me llevaba a mí, le decía: "Don't speed" (No corra), pues como no comía estaba muy débil y me mareaba. Lo gracioso es que lo encontré al año del accidente en el otro gimnasio de pacientes externos. Él dijo que me conocía y yo le dije que él era quien me llevaba en silla de ruedas. Se echó a reír y dijo: "No speeding". Luego dijo: "Big diference" y claro, ya estaba recuperada, caminaba y me arreglaba, entonces lucía diferente. Ambos reímos al recordar esos momentos.

Papá se cayó y se rompió la cadera

Mi padre vivía cuando me ocurrió el accidente, pero al año y medio lo perdí. Se cayó y se rompió la cadera. Estuvo en coma durante cuatro meses y luego murió. Fue un golpe muy duro. Lo extraño, aunque saber que está cerca de Dios me hace sentir mejor.

Mi padre cayó del segundo escalón con una bolsa de basura. Yo llegué a la casa de mis padres y encontré que papá no podía moverse y le dolía la cadera. No pensé que fuera serio. Me fui a atender a mi esposo y lo dejé. Mis hermanos, sin consultarme, decidieron llamar una ambulancia y se lo llevaron. Dejaron a mi padre en manos de practicantes y el doctor de cabecera, quien practicó con mi padre. Cuánto me pesó no haber ido con mi padre al hospital. Mis hermanos dejaron a mi padre para ser operado al día siguiente. Ellos firmaron papeles y se fueron. Luego, mi hermano me llamó para avisarme y decirme que todo estaba bien.

Al parecer, papá presentía todo. Las enfermeras me contaron que se quería ir a casa y pedía que no lo operaran. Al día siguiente, fui temprano al hospital, pero la intervención empezó a las siete de la mañana. La operación duró dos horas y media. Cuando salió, hablaba desvariando y lo pasaron a un cuarto. Allí había una jarra de agua helada y se la tomó, pese a que mamá le advirtió que no. Después de unas horas, el estómago se le hinchó de un lado y luego, tuvo neumonía.

Cuidados intensivos

A mi padre lo pasaron a cuidados intensivos, MICU. Allí había pocas enfermeras dulces, a excepción de Sue, quien fue muy cariñosa con él. Ella decía que los ojos de mi padre, marrones, grandes y profundos, eran muy lindos y difíciles de olvidar.

Él sufrió mucho en el hospital. Un día el doctor de turno dijo que iban a cambiarle el catéter y al día siguiente, me di cuenta que la orina tenía sangre. Le pregunté al doctor y él dijo que era normal. Yo sabía que no era así. Papá seguía con neumonía y no encontraban el antibiótico que hacía parte del tratamiento. Como la flema lo ahogaba, ordenaron ponerle un tubo para que pudiera respirar. Los practicantes hicieron el trabajo, pero lo maltrataron un poco. Era terrible presenciar eso y ahora supongo que el catéter también lo debió cambiar otro practicante.

Mi padre siempre fue fuerte y nunca se enfermó. Yo procuraba quedarme en el hospital hasta casi 12 horas diarias y presenciaba cómo decaía día a día. Era triste sentir que se estaba yendo. Además, la negligencia del doctor y los practicantes, no ayudaba en nada. Ellos deberían practicar con animales y no con seres humanos. Para los familiares es un trauma presenciar eso.

Una madrugada, a las dos de la mañana, llamaron del hospital a informarnos que papá estaba mal y requerían nuestra presencia. Llamé por teléfono a mis hermanos y decidimos encontrarnos en el hospital.

Cuando llegamos vimos a papá lleno de coágulos de sangre. Pese a lo terrible, le decíamos que no se preocupara, que todo iba a salir bien. Era una serenidad aparente, pues mi corazón temía perderlo. Al rato, llegó un urólogo y logró detener la hemorragia. Después de unos días, nos volvieron a llamar y cuando llegamos, encontramos a mi padre sangrando. Fue una escena muy fuerte. Los doctores dijeron que le sangraba un órgano y así siguió hasta el día siguiente.

El problema del catéter

Papá continuó sangrando y le hicieron transfusiones de sangre durante una semana. En varias oportunidades traté de localizar al doctor sin resultado, y finalmente cuando lo logré, me dijo que el mayor problema de papá era el catéter. Quedé fría. Por eso la fiebre no le bajaba. Pensé que como ya se sabía la causa, podría curarse, pero luego supe que por la mezcla de orina y sangre estaba destinado a morir. El catéter había provocado la perforación. El doctor lo operó y luego nos dijo que había limpiado la orina y la sangre y que papá saldría adelante.

Todo eso pasó al año de mi accidente y aún no entiendo por qué tanto sufrimiento. Aunque debía ser fuerte, lloraba en los pasillos y en casa, pero nunca delante de mi padre. Cuando estaba con él sonreía demostrándole que todo estaba bien y él también sonreía. Él nunca pensó que yo estuviera tan cerca de él. Yo lo quería mucho, era inteligente y me encantaba conversar con él. Siempre que tenía un problema, pedía su consejo y lo seguía.

Papá se molestó con su doctor porque le dijo que iba a morir. Así que le reclamé al doctor y le dije que a mí no me había dicho eso porque sabía que le haría preguntas. Él se quedó callado y no me respondió. Mi padre siguió sangrando y nadie hizo nada. Me sentía impotente de ver a mi padre en esas condiciones. Le dije al doctor que iba a llevarlo a otro hospital y el doctor me dijo que si lo hacía debía pagar US$50 mil dólares. Como era mucho dinero lo dejé, pero después averigüé y supe que el doctor me había engañado. Cuando nos vimos le hice el reclamo, pero él negó que hubiera dicho eso. Yo le dije: "Sólo sé que Dios existe y paga el que no es justo".

Mi hermano solicitó entonces una reunión con la doctora general del hospital y ella ordenó un "Cat Scan de Bleeding". Yo acompañé a papá al examen durante casi dos horas. Chequearon cada uno de sus órganos y no encontraron ningún sangrado. El catéter era el que producía la perforación, pero ellos siguieron con el engaño. Decían que papá estaba mejor y le daban vitaminas. También le enviaron una terapista. Mi padre cerraba los ojos como esperando la muerte. Yo creía que él iba a salir adelante, pero estaba equivocada. Lo último que le pusieron fue una inyección de radiación nuclear que casi no le aplican a nadie. El hombre que se la puso lucía temeroso y escurridizo. Después de la inyección, papá sólo dormía. Ya no abría los ojos.

Una noche me despedí y al día siguiente cuando volví, no estaba. Lo habían trasladado a cuidados intensivos. Cuando lo encontré trataba de quejarse y decirme algo. Estaba con tubos otra vez. Fueron cuatro meses de sufrimiento.

Finalmente, mi hermano logró trasladarlo a otro hospital y no debimos pagar nada para sacarlo. Era mentiras del doctor para cubrir la falla de la perforación. Mi padre ya tenía los órganos destrozados.

Lloré mucho por mi padre. Lo adoraba y era duro tener que decirle: "vete papá, no te preocupes, voy a apoyar a mi madre". No quería que sufriera más con el aparato que le limpiaba la sangre y la perforación que tenía en la garganta. Mi padre lloraba de dolor y la enfermera no quería darle ningún calmante. Le pedí que tuviera piedad y finalmente, se lo dieron. Intentamos poner una demanda sin resultado.

¡Qué fortaleza la de mi padre para resistir tanto sufrimiento! Murió el 12 de febrero de 2002 con una sonrisa en sus labios. Yo sentía tristeza, pero sabía que él había encontrado la paz. Lo recuerdo con cariño y sé que está con Dios.

Medicamentos descontinuados

A papá le dieron Celebrec, un medicamento que daña los riñones. Yo le dije a la enfermera qué no le podía inyectar eso porque afectaba los riñones. Pero sólo ahora con el tiempo, me doy cuenta que querían acabar con mi padre para tapar las negligencias cometidas. Por eso siguieron suministrándole antibióticos que nunca lograron bajarle la fiebre; sacándole radiografías, una tras otra, y suministrándole medicamentos que le afectaron los riñones y el hígado. También tenía heridas en las nalgas y ya no tenía defensas por lo que adquirió un virus en el hospital. Yo sabía que estaba muriendo y pedía que lo dejaran morir.

Mi padre sufrió mucho y ahora está en el cielo. Dios se encarga de que nadie se vaya sin pagar lo que debe. Es la ley del karma, causa y efecto. El que la hace, la paga.

Yo cuento esta historia de mi padre para que otras personas tengan cuidado cuando sus seres queridos se encuentren en el hospital. Soliciten que no los atiendan practicantes sino sólo doctores.

La operación del estomago

Después de la operación de la cadera, a mi padre se le hinchó el estómago y dijeron que era un intestino enredado. En la sala de espera, el médico cirujano se acercó para decirnos que le habían arreglado el intestino, pero que al abrir el estómago habían encontrado una perforación a causa del catéter o sonda para evacuar la orina. Como encontró sangre en la orina, limpió y cerró la herida. Fue sincero con nosotros, pero en ese momento no pensamos en las consecuencias. ¡Qué impotencia!

Al día siguiente papá no podía orinar y una enfermera le puso un catéter, pero éste se llenó de sangre. Me enfurecí y le pregunté a la enfermera qué había pasado y a papá si lo habían lastimado. El dijo que sí. Papá era tan valiente que no gritaba de dolor. Sé lo valiente que fue y cómo luchó para vivir. El doctor sabía que papá iba a morir por el daño que le habían causado y se lo dijo. Ahora pienso en el complot: papá tenía que morir para tapar la falta de ellos.

Papá sangraba por la sonda y nadie venía en su ayuda. ¡Qué impotencia ver así al ser que amas y que nadie haga nada por él!

Cuatro meses en el hospital

Estando allí, pude ver gente del pabellón de cuidados intensivos, que cuando despertaba contaba sus experiencias. Un vecino de mi padre relató que había estado en el infierno y el fuego lo había quemado, por eso en adelante, iba a ser una persona diferente: no más consumo ni negocio de drogas. Dijo que se entregaría a Dios y a leer la Biblia. Otras personas dijeron ver paredes sucias y no poder escapar porque las salidas estaban cerradas. Eran relatos inexplicables.

Yo pienso que dependía del alma de cada persona. Por eso otros veían ángeles y sentían una paz infinita. Despertaban con una sonrisa y ganas de seguir siendo mejores cada día. Crecer y superar metas. Cuento estas experiencias para que cada uno saque sus conclusiones y piense que nunca es tarde para arrepentirse y escoger el camino justo.

Un proverbio: "Adquiere la verdad, no la vendas. Adquiere sabiduría, disciplina e inteligencia. Aplica tu corazón a la instrucción y tus oídos a las palabras sabias".

Adiós al padre y al amigo

Después del accidente que tuve, mi padre y yo fuimos muy unidos. Le decía: "papá, vamos, sube al carro, acompáñame", y se iba conmigo.

Papá siempre me recibía con su sonrisa amable y conversábamos por horas. Me fascinaba su inteligencia. Cuando le pedía un consejo, siempre lo seguía.

El día de su muerte, el 12 de febrero de 2003, la enfermera dijo: "He is smiling" (El esta sonriendo). Después de sufrir encontró la paz. Me siento bien al pensar que está con Dios.

Siempre estuvo rodeado de sus seres queridos. A él le daba tranquilidad estar con la familia. Siempre lo extrañamos y recordamos con amor.

Amo a mi país y al que me dio la oportunidad de salir adelante

Amo a Lima, Perú, porque allí nací, crecí y estudie. Es un lugar hermoso, aunque me da mucha tristeza ver a tantos niños pidiendo dinero en las calles. Mi sueño es poder ayudar a estos niños abandonados por sus padres. Mi sueño es tener un albergue para ayudar a niños pobres, darles comida, ropa zapatos y educación.

Las utilidades de los libros que venda, serán también para ayudar a las instituciones mentales de mi país y otros países. ¿Quién más que mi madre y yo sabemos lo que es el sufrimiento? Hay que ser valientes y pedir fuerzas a Dios para continuar luchando.

También amo a USA porque me dio la oportunidad de salir adelante. Es el país de las oportunidades si se tiene salud y ganas de progresar, trabajando diez horas diarias. Yo tuve años de sacrificio, trabajo y esfuerzo, pero compartí con mis familiares y los más necesitados. Luché mucho por ahorrar, aunque a mi esposo no le gustaba el ahorro.

Me hice ciudadana americana porque amo este país. Ahora estamos pasando momentos difíciles por el terrorismo, pero tengo fe que todo va a ser como antes.

Con la venta de los libros también voy a ayudar a las instituciones mentales de este país. Es mi deseo más grande.

Le pido a Dios

Todos los días le pido a Dios por la paz mundial y el fin del terrorismo y las guerras. Sólo traen dolor y pérdidas humanas; le pido a Dios que la gente de mal corazón cambie y se arrepienta; le pido a Dios que la gente que tiene mucho comparta con los pobres; le pido a Dios que la gente sea menos egoísta y envidiosa, que abra sus corazones al bien; le pido a Dios que le de paz en el corazón a nuestros enemigos; le pido a Dios mucha paz y salud para mi familia.

Qué lindo sería el mundo si hubiera paz mundial. Es un sueño que podría ser realidad. Sólo depende de la humanidad sacar de sus corazones el egoísmo, la violencia, la injusticia y la maldad. Tratar de ser mejores seres humanos cada día y recordar que nadie escapa de la justicia divina.

Momentos inolvidables

Cuando era estudiante de secundaria tenía dos amigas: Frida y María Elena. Un día acordamos caminar hasta la casa y en el camino íbamos felices jugando tijera, papel y piedra. La que perdía cargaba las maletas de las otras y por supuesto, se quejaba de su suerte. No parábamos de reír.

Mi adolescencia fue bonita, de lindos y dulces recuerdos. Tuve buenas amigas. Frida me prestaba sus libros por dos horas, mientras papá me compraba los libros, que luego, servían a mis hermanos menores.

Otras amigas fueron Rosario, muy callada, y Maritza, alta y alegre, a quien le gustaba hacer bromas. Un día se consiguió la falda de una muchacha bajita y nos hizo reír porque ella era muy alta y se veía chistosa.

Un proverbio: "El impío arruina con su boca al prójimo, pero el justo se libra con su sabiduría".

Mi sobrino

Mi sobrino Erwin me dijo que si le hubiera sucedido mi accidente se sentiría como superman. Fue lo más gracioso que he escuchado. Me quedé sorprendida por su manera de ver las cosas, quizás por su juventud.

Le doy gracias a Dios por darme otra oportunidad porque mi misión de ayudar a otras personas no ha terminado. Ayudar a muchos niños pobres y a instituciones que ayudan a enfermos de la mente, alegra mi corazón.

También quiero que mi madre viva mejor. Carece de muchas cosas y quiero que tenga un cuarto para ella sola. Con la ayuda de Dios, poco a poco se van dando las cosas.

Mi esposo: un machista

Posee ideas negativas como ser duro y cruel con la mujer o ser una persona falsa, de dos caras, con quien va ser su esposa; también, hablar mal de ella con los amigos para que nadie la quiera y esté sola. Su padre le inculcó el machismo. Eso me lo dijo él y le creo. Su padre trataba mal a su madre porque la mujer debe ser sumisa. No me explico cómo un hombre así puede educar a sus hijos.

Yo siempre hacía lo que él decía, pero cambié después de mi accidente y la muerte de mi padre. Como ahora no tolero las humillaciones, él dice que soy mala. Yo soy según me traten. Si es un trato dulce, soy dulce y a la dureza, respondo con dureza.

Sus hermanas son celosas con él. Cuando viajé a Perú me echaron tierra en la cama. Yo nunca me opuse a que ayudara a su familia, pero con esa ayuda terminó cogiendo odio hacia mi. Ellos olvidan que todos los hombres vienen de una mujer.

Rezagos después del accidente

El 26 de agosto de 2002 sentí muchos dolores en la espalda y la cadera del lado izquierdo. Con los cambios de estaciones y los días de lluvia aumentan los dolores. Cada cierto tiempo tomo desinflamatorios para aminorar el dolor. A veces olvido que no debo cargar cosas y luego viene el dolor por varios días, hasta que pasa y vuelvo a caminar bien.

Es una ardua lucha vivir con dolor, pero se aprende. Cuando estoy bien doy gracias a Dios y trato de disfrutar lo que más puedo, mirando cada detalle a través de la ventana y saboreando una taza de café. Miro el cielo azul, lo más hermoso de este país; las plantas o una ardilla sobre un árbol. Soy amable y sonrío a las personas.

Aunque quienes sonríen a la vida no siempre han recibido lo mejor de ella. Trato de ser feliz y evitar la depresión.

Este libro es un ejemplo

Escribo para que las personas que estén pasando por momentos difíciles tengan la fuerza y la tenacidad para luchar y seguir adelante. Yo logré caminar, pese a la pelvis rota y a que los ejercicios eran dolorosos y me causaban mucho dolor y lágrimas. Igual sucedió con el brazo porque tenía la clavícula rota y no podía moverme. Dormía de frente y el brazo se caía de un lado de la cama. Le pedía fuerzas a Dios. No podía creer lo que me estaba pasando a mí, que siempre atendí con amor a mis enfermos. Son cosas de la vida que no entiendo.

Tuve un paro cardiaco, cinco costillas rotas, clavícula rota, contusión cerebral, cadera rota, amnesia, todo el lado izquierdo roto, inmovilidad total. Me resucitaron y cuatro enfermeras se encargaron de trasladarme en silla de ruedas. Tenía moretones, coágulos de sangre y todo mi cuerpo temblaba. El comienzo fue muy duro. Pasar de ser una persona activa a quedar totalmente paralizada. Sólo pensaba en mi recuperación y lo logré con mucho esfuerzo y perseverancia. Cada progreso me hizo feliz.

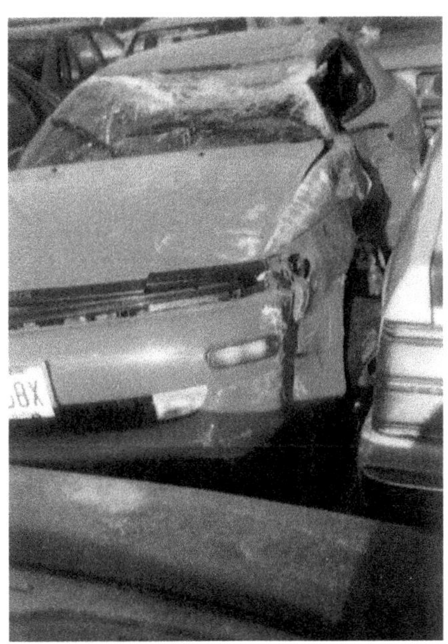

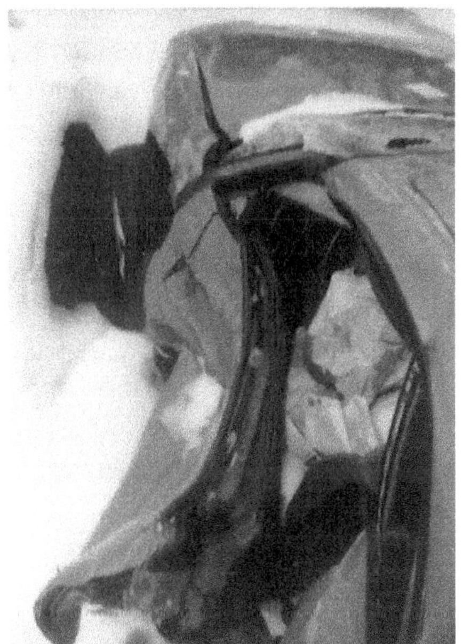

La vida es un regalo de Dios

En un segundo, un accidente puede cambiar la vida. Iba manejando el carro, entré a la ruta de velocidad para tomar la salida a Paterson, comprar fruta y luego, ver a mis padres. En Paterson me quité el cinturón de seguridad pensando que no lo necesitaba porque dentro de la ciudad se reduce la velocidad. Ahora es obligatorio usarlo. Iba entonces en mi carro pequeño, un Celica Toyota y me encuentro con un Ford Explorer grande que se pasó la señal de pare. Mi carro dio varias vueltas en el aire y luego cayó con las ruedas hacia arriba. Tan sólo de pensarlo se me pone la piel de gallina. Hubiera muerto, pero los ángeles me avisaron. Ni yo ni mis amigas comprendemos por qué decidí quitarme el cinturón de seguridad, si siempre lo uso. Creo mucho en los ángeles y ellos me dieron el mensaje.

Cuando estuve conciente después del accidente, me preguntaba: "¿por qué a mí si no le hago daño a nadie y hasta rezo por el enemigo? Sólo Dios sabe por qué sufrí tanto dolor. Ahora estoy bien y disfruto cada día, así esté nublado porque Dios me regaló esta segunda oportunidad de vida.

Mi última paciente

Yo era ayudante de enfermería y en una ocasión, antes del accidente, una señora me pidió ayuda con su madre, quien estaba recuperándose de un ataque al corazón. Era Mildred, una anciana de rostro bonito, pero de mirada penetrante, de quien poco a poco gané su afecto y fuimos amigas.

El primer día que nos vimos le preparé el baño y le di las indicaciones para meterse en la ducha. Ella lo hizo muy rápido, pero le dije que era mejor lentamente. Después la ayudé a vestirse y le preparé el desayuno. Luego conversamos y me contó sobre sus temores, en particular la cercanía de la muerte. Le dije que no debía preocuparse porque yo había cuidado muchas personas como ella, que habían vivido muchos años. Además su operación había sido un éxito. Pasaron un par de semanas y ella empezó a recuperar sus fuerzas y las ganas de vivir. Me despedí entonces, porque ya estaba mejor y no me necesitaba.

Dos años después fui a visitarla, lucía hermosa y llena de vida. Me sentí feliz de haber puesto un granito de felicidad en su vida. Una mirada bondadosa alegra el corazón del otro y reanima sus fuerzas.

Prudencia al manejar

Mi doctor y yo conversamos un día acerca del accidente y me contó que esa mañana se le había hecho un poco tarde y había corrido un poco en su auto, pero que dejó de hacerlo porque no quería hacerle daño a nadie.

Pensé entonces que la vida de las personas puede cambiar en un segundo. Manejar rápido pone en riesgo la vida de otras personas. Llegar tarde no importa frente a la vida valiosa e importante de los otros.

La persona que me chocó jamás pidió disculpas ni se acercó al hospital para verme y decirme lo siento por correr a 55 millas por hora (en la ciudad el máximo de velocidad es 25 millas por hora). Un asesino al volante. Después del accidente tuve ganas de buscarlo y preguntarle por qué corría de esa forma.

Otro testigo

Un día, conversando con una señora que estaba buscando departamento, le conté sobre mi accidente y ella me dijo: "No me digas que tú eras la del Celica rojo". Cuando le dije que sí, me abrazó y dijo que no podía creer que estuviera bien. Luego me preguntó: "¿Hija, tú no tienes enemigos?", puesto que para ella era increíble que alguien condujera a esa velocidad en la ciudad. La verdad, nunca se sabe quién es el enemigo, pero de todos modos, pienso que los accidentes pasan y algunos acontecimientos en nuestras vidas que parecen extraños e inexplicables, suceden producto de una simple casualidad o un destino ineludible y cruel.

Trabajo de ayudante de enfermería

Desde septiembre de 1989 hasta el 8 de enero del 2000, trabajé como ayudante de enfermería ayudando a los ancianos. Me encantaba mi trabajo. Ver que una persona no puede valerse por sí misma, indefensa y desvalida, me inspiraba amor y ternura. Yo me entregaba a mis pacientes, nunca faltaba y trabajaba de lunes a domingo, incluidas las fiestas. Nunca descansaba, no tenía tiempo para mí ni para nadie.

El trabajo de cuidar ancianos es una labor muy linda, que requiere mucha paciencia y amor al prójimo. Hay que bañarlos, limpiarlos, lavar su ropa, limpiar el cuarto donde duermen. A veces, algunos no tenían qué comer, entonces les compraba algo y les daba de comer. Esto no sólo lo he hecho yo, sino muchas de nosotras.

Una vez fui de reemplazo por un día, a una casa bonita. Como hacía mucho calor, el paciente me dijo que quería bañarse porque sólo lo bañaban con una toalla y él quería recibir mucha agua en su cuerpo. Entonces fui al baño, pero como no salía agua, llené unas ollas con agua, llevé al anciano a la ducha y lo bañé. Él estaba feliz. Después me dijo: "María me siento como un hombre rico". Yo me sentí bien de que él hubiera podido tomar su ducha en un día de sol.

En la Biblia un salmo dice: "Feliz el que cuida del débil y el pobre. Dios lo salvará". Y así fue, Dios estuvo conmigo en todo momento de mi accidente porque siempre cuidé a mis enfermos con amor.

Encontré esta oración

Bendito seas Señor
Dios de nuestros padres
Que tu nombre sea alabado
Y glorificado eternamente
Porque eres justo en todo
Lo que has hecho
Todas tus obras son verdaderas
Rectos todos tus caminos
Y verdaderos todos tus juicios.

Compré un carro en un 'dealer'

Con mi esposo fuimos a un sitio donde vendían carros y como parte del pago podía dejarse el carro usado. ¡Qué maravilla!

Christian, un peruano, se acercó a nosotros y ofreció ayudarnos. Nos atendió muy bien, hablamos de comida, especialmente del ceviche, y luego le dije que me había gustado un carro grande y bonito y que quería comprarlo, no alquilarlo. Yo quería cambiar mi carro viejo por uno nuevo, así que chequearon los créditos y todo estaba bien. Luego, me pidieron el título de propiedad del carro, fui a casa, lo llevé y Christian, me trajo unos papeles donde decía: "purchase". Repetí entonces que quería comprar y no alquilar y me pasaron muchos papeles.

Mi esposo y yo firmamos, pero en alguna parte leí la palabra renta y pensé que quizás el muchacho nos mentía. El exceso de confianza no es bueno. Hay personas honestas pero son muy pocas. Los dueños del lugar eran anglosajones y lucían decentes, pero eran unos sinvergüenzas. Querían estafarnos y lo lograron. Al año y medio, caí en cuenta cuando nos llegaron los cobros. Como mi padre estaba grave, opté por atenderlo primero. Después de su muerte, empecé a averiguar sobre el carro y supe que nos habían estafado pues figuraba como si hubiéramos pagado la renta del carro (US$500 dólares mensuales) por dos años. Como no quisieron arreglar el problema mi hermano mayor, hizo tremendo lío. Yo contacté a Christian, el vendedor estrella, y me dijo que sus jefes lo habían obligado. Yo le dije que él no era un bebé para haberlo hecho. Mi abogado dijo que si tenía la grabación de lo ocurrido, ganaba el caso.

Increíble que en un sitio de prestigio sucediera eso, pero sucedió. Finalmente se solucionó todo, pero perdí dinero y aprendí una gran lección: el exceso de confianza es malo, hay que mirar bien lo que se firma y estar siempre a la defensiva en todo.

Mi primer trabajo en Perú

Busqué mucho y finalmente encontré una tienda donde vendían casas de juguete para armar. Los dueños eran alemanes. La gente les compraba porque era educativo para los niños.

Allí conocí a Rosa, una muchacha de provincia que no tenía familia en Lima. Nos hicimos muy amigas. Un día me propuso fumar marihuana, que le había quitado al novio y le respondí que no. "Yo trabajo para ayudar a mi familia, mi madre y hermanos. Ni pensarlo. Bótala a la basura", le dije. Otro día me dijo: "Te voy a proponer algo. Tú eres muy pobre, joven y agraciada, tengo unos clientes a quienes les gustaría salir contigo y te van a dar buen dinero por sexo". Yo le respondí también que no. En ese entonces, tenía 20 años y tuve fortaleza de negarme a lo malo. "Rosa, prefiero trabajar y sufrir, pero no hago eso", le dije. Ella me abrazó y besó y dijo que me admiraba. Pocas son las amigas que desean el bien de la otra. Las amigas son una cajita de sorpresas, pero que las hay buenas, las hay, y cuando las tienes debes conservarlas.

De los amigos se aprende mucho, algunos nos usan para lograr sus fines y cuando no lo logran, nos ofenden y terminan la amistad. Esos son los más inescrupulosos.

Las jóvenes deben decir no a la prostitución y a las drogas, así sea difícil decir "No". Deben pensar en las consecuencias. No es suficiente decir que somos seres humanos con defectos y virtudes, y que podemos cometer errores. Yo no lo hice y me siento bien por mi decisión. Fui pobre y trabajé mucho, pero alcancé mis logros. Si yo pude, otros también.

Si a cualquier trabajo se le pone amor, resulta más fácil. Yo trabajé diez años en Perú en una tienda de niños y 17 más en este país. Siempre le puse amor al trabajo y soporté muchas humillaciones porque tenía que salir adelante y lo logré. Con mucho trabajo y perseverancia, lo logré.

Mi infancia, mucha pobreza

Mi padre era muy estricto y nos castigaba con un látigo que marcaba el cuerpo. No lo recomiendo. El que quiere ser bueno lo es. Hay niños a los que jamás les dicen que estudien y logran ser buenos estudiantes. Todo depende de uno mismo.

Mi padre, que en paz descanse, fue machista y mujeriego. Hace 14 años sufrió un derrame y mi madre estuvo a su lado y lo perdonó. Papá desde entonces cambió. Fue más responsable y especial con mi madre. Se arrepintió de su machismo. Para todos fue una satisfacción grande verlos juntos.

De niños padecimos hambre. Papá ganó mucho dinero, pero no supo manejarlo y perdió todo. Fue uno de los mejores pintores de Lima y trabajó con una firma famosa.

Nunca podré olvidar cuando mi hermana menor, que entonces tenía seis años, me decía que tenía hambre y no había ni siquiera un pan. Era horrible. Por eso empecé a trabajar para llevar algo a casa. Papá viajó a USA y la situación mejoró un poco. Yo también empecé a trabajar para ayudar en algo. Era otro grano de arena.

Un tío, hermano de mamá, ganaba buen dinero, pero era mezquino. Yo le guardaba el dinero y cuando se lo entregué no me dio ni para un chocolate, sabiendo que a veces no teníamos para comer. Algunas veces, él compraba cabezas de pollo, las ponía a hervir y nos decía:

"Coman". Yo abría la olla y me daba asco ver eso. Nadie comía. Nunca le regaló ropa a mi madre o a nosotros.

En ocasiones llevaba 'muy-muy', unos animalitos que se encuentran en la orilla del mar, y también los cocinaba. Yo no comía. A él no le costaba nada comprar un pollo y dárselo a mi madre y así, tener un buen recuerdo suyo de cuando éramos muy pobres. La familia de mi padre tampoco nos ayudó.

Tener buenos tíos es un tesoro porque hay pocos en el mundo. De todos modos, los quiero y los perdono. El alma bondadosa será saciada. El que riega será regado.

Nurse aid

Yo era ayudante de enfermería. Era un trabajo fuerte en el que no se sabía con qué iba a encontrarse. A algunos pacientes debía bañarlos, hacerles la cama, lavarles la ropa y prepararles algo de comer, a veces en el transcurso de dos horas para luego, correr y atender a otro paciente. En un día atendía cuatro pacientes. Me gustaba el trabajo y lo hacía con amor. Por eso me resultaba fácil. Algunos pacientes renegaban debido a la enfermedad, pero yo sabía manejarlos para que se sintieran contentos. Siempre lo lograba y me sentía feliz.

Con mis primeros pacientes, lloré. Una de ellas sufría diabetes y le hacían diálisis. Para mi fue muy duro verla en ese tratamiento, pero terminé por acostumbrarme poco a poco. A veces encontraba pacientes que necesitaban bastante ayuda y trataba de hacer lo mejor.

Durante tres años atendí a una anciana muy linda, que tenía un hueco en la garganta y le ponían un aparato para que le saliera la voz. Ella luchaba por vivir y salir adelante. Siempre usaba bastón, pero en vísperas de la boda de su nieta, ella estaba muy ansiosa. El día de la boda la llevé a tomar su baño y empezó a caminar sin bastón. Yo le dije: "necesitas más bodas para caminar así" y ella no paró de reír y me dijo: "Cómo no te conocí antes"

Trabajé diez años como ayudante de enfermera

Trabajaba siete días a la semana, me sentía bien y lo hacía con mucho amor, piedad y compasión hacia mis enfermos. Nunca me faltó amor. La hija de una paciente me dio un beso de agradecimiento y mi primer ramo de flores lo recibí de la hermana de una paciente. Esas muestras de afecto me enternecían e impulsaban a seguir adelante con mi trabajo.

Una vez me tocó apagar un pequeño incendio para salvar a mi paciente. Una mujer gritó 'fuego', y cogí el extinguidor y fui hacía al closet de ropa donde estaba el fuego y lo apagué. Cuando llegaron los bomberos estaba casi apagado.

Siempre quise aprender más de enfermería porque me gustaba ayudar a los enfermos. Pero ahora no puedo porque después del accidente el brazo izquierdo no tiene fuerza suficiente para cargar a un paciente.

Consejera

Elizabeth fue mi vecina y volvimos a encontrarnos después de varios años. Conversamos acerca de mi accidente y ella me preguntó por qué había luchado por vivir si la vida era un infierno. Me contó que ella había tenido momentos muy difíciles. Ella era bailarina y debía verse bonita, pero le dio una enfermedad en el rostro que le impidió trabajar durante un año y tuvo que gastar todos sus ahorros.

Ella era una mujer muy bonita, alta y delgada. Un día llamó para contarme que estaba viviendo con un hombre, que al comienzo la trataba bien, pero después cambió y empezó a pegarle. No tuvo piedad con ella y afectó su autoestima. La hizo sentir insegura y no dejaba que se viera bonita. A pesar de los maltratos, ella lo seguía amando. Cuando volvimos a encontrarnos, no podía creer lo que estaba viendo. Estaba decaída, sin arreglarse, y lucía muy diferente a la mujer de antes, elegante y segura de sí misma. Cuánto daño le había causado una relación así.

Pensé en ayudarla a volver a ser la Elizabeth de antes y empecé a decirle que era bonita y que con sus ojos verdes podía encontrar un novio nuevo. Ella decía que se veía fea. No fue fácil convencerla, pero poco a poco logré que su autoestima subiera. Aumentó de peso y empezó a estudiar. En un comienzo, hablábamos todos los días y me contaba sus problemas, me convertí en su terapista. Luego empezó a solucionar sus problemas y a lucir bonita, como antes. Eso me hizo sentir bien. Dios me da la fuerza para ayudar a los demás.

Amiga de la infancia

La encontré después de 26 años. Fue emocionante el reencuentro. Había terminado de trabajar e iba a cortarme el cabello en la peluquería más próxima. Al llegar pedí una cita y vi a Lucy, mi amiga. Le vi el rostro y tenía la cabeza cubierta. Me acerqué y le dije: "señora, yo la conozco". Le hice un par de preguntas para saber dónde la había conocido y me enteré que era de Lima. Pensé que quizás la había visto en la tienda de niños donde trabajé, pero ya casi cuando estaba a punto de irme le pregunté su apellido e inmediatamente supe que habíamos sido compañeras de estudio y habíamos compartido el mismo pupitre. Lucy empezó a recordar. Fue emocionante encontrarnos de nuevo en otro país. Ambas lloramos abrazadas mientras su hija preguntaba: "¿Qué pasa mami? Era emocionante volver a ver a una amiga de estudios. Desde entonces somos amigas de nuevo. Siempre estamos comunicándonos. Creo que encontrarla fue una bendición de Dios.

A mí me encantaba estudiar. No iba al colegio sin haber estudiado. Cuando el sueño me vencía, me echaba agua en la cara para seguir estudiando. Lucy me recuerda como una compañera muy estudiosa. No logré ser profesional, porque debí trabajar para poder comer. Mi amiga era de familia de negociantes. Ella estudió para profesora, aunque pensé que iba a seguir el periodismo porque fue reportera de la revista del colegio llamada: "Senda" y lo hacía bien.

Cuando Lucy se enteró de mi accidente, fue a verme. Entró agarrándose el corazón y me dijo: "no puedo creer que tú, María, hayas estado ahí. Ese carro está completamente destrozado". Yo le dije: "Soy un milagro de Dios".

Recuerdo sus palabras de aliento: "Tú sales adelante, lo logras", y poco a poco, así fue.

Hay que luchar ante la adversidad de la vida. Tener fuerzas para seguir adelante y dar gracias a Dios por cada día de vida. Cada logro da felicidad.

Mi niñez

Cuando niña tuve dos amigas. Una se llamaba Gloria y la otra Imelda. Jugaba mucho con ellas a 'siete pecados', que consistía en tirar la pelota para arriba y correr lo más que se pudiera, de poste en poste, para que la tira-pelotas no pudiera alcanzarnos. También jugábamos 'mundo', con una tiza se marcaban cuadrados de 10 en 10 hasta 100, y luego se tiraba una cáscara de plátano y se saltaban los cuadros. Jugábamos y corríamos tanto que llegábamos a dormir.

Disfruté mucho mi niñez, jugué bastante y recordar me hace sentir bien. Recuerdo con cariño especial a Imelda, que era una trigueña bonita, y a Gloria, una linda morena.

En esta época la computadora es maravillosa para los niños, pero escuché en las noticias que los padres tienen que balancear su uso, al igual que las comidas porque los niños tienden a engordar. Por eso deben estimularlos los fines de semana para correr, saltar con soga y comer saludablemente.

Ayudar a los que sufren de esquizofrenia

Voy a ayudar con mucho amor a estas personas porque veo el sufrimiento de mi madre y de todas aquellas que tienen hijos con esquizofrenia. Yo tengo dos hermanos que sufren esa enfermedad. Es una cruz bien pesada. Yo le pido a Dios con mucha fuerza por mi madre y mis hermanas que viven con ellos. Yo siempre estoy atenta a sus necesidades. A mi hermano lo llevo a sus citas médicas y trato de incentivarlo, pero es duro. Solo el que vive esta situación lo entiende. Para mi hermano todo tiene veneno y por eso a veces, coge la olla de comida y la bota a la basura. Todos dejamos de comer de sólo ver su reacción. Cuando esta bien es adorable y cariñoso, pero en momentos decide no tomar su medicamento y altera el tratamiento. En las crisis ha intentado quitarse la vida varias veces.

Una vez decidió no ponerse la inyección mensual que debe aplicarse. Según su religión, ya estaba sanado. Yo le dije: "Por favor, no cometas ese error. Ustedes son como los diabéticos", pero el dijo que la inyección era obsoleta y no la necesitaba. Pasaron varios meses y el decía que Dios lo había sanado. En realidad se veía bien, pero al poco tiempo comenzó la depresión. Su primer intento de suicidio fue muy triste.

Mi hermano tiene buena presencia, es alto, joven y con ojos hermosos. Sin embargo, no goza su juventud como cualquier persona. Es duro ver que otros salen adelante y mi hermano no, aunque logra cierta estabilidad con las medicinas. En medio de estos problemas que compartimos con mamá, no dejo de admirar su bondad. A pesar del sufrimiento, ella sigue con ese gran corazón y dulzura hacia sus semejantes.

Es la vida que nos tocó vivir. Quienes sonríen a la vida no siempre han recibido lo mejor de ella. Debemos de tratar de ser felices y no sumirnos en la depresión.

Hace poco vi un programa de televisión sobre las personas enfermas de los nervios, en el que decían que esta enfermedad no se veía por fuera sino que se llevaba por dentro, y alguien dijo: "Las personas que lidian con enfermos de la mente son dignos de admirar".

Es duro lidiar con enfermos mentales

A mi hermana la llevo a comprar sus cosas y trato que se vista como una persona normal. Intento que tome su medicina, pero no lo hace. Cuando veo que las personas notan que ella es diferente, me hago a un lado y lloro. Otras veces me da rabia la actitud de ella y por ejemplo, si le hace agujeros al abrigo, yo lo rompo más para que no vuelva a ponérselo. Lucho con ella. La he llevado a varios especialistas, pero no logro que tome sus medicinas. Soy su hermana y me duele.

Con este libro espero juntar dinero para internarla y así lograr que tome la medicina y supere las manías. Yo tengo fe que su mente va a estar bien. Dios nos da fortaleza para luchar y pienso que este mundo es de los fuertes.

El que desprecia a su prójimo peca. El que se compadece de los pobres es feliz.

La vida en mi país

Cuando terminé la secundaria, le pedí ayuda a mi padre para seguir una profesión y me dijo: "No". Entonces, salí a buscar trabajo y no fue fácil, pero finalmente encontré un puesto en una tienda para niños. Yo sentía que merecía un mejor trabajo por haber sido estudiosa. Además veía que otros con menor capacidad, tenían influencias y lograban colocarse en un buen lugar y ganar bien sin saber nada.

En primaria obtuve un diploma de excelencia y en secundaria siempre me destaque. Recuerdo que el último año, la auxiliar Larrea me dijo: "Del Pino, supongo que vas a seguir estudiando porque tus notas son muy buenas". Yo le dije que si, aunque sabía que no iba a poder por falta de apoyo económico. Estuve triste un par de años, aunque me sentía útil en el trabajo por más humilde que fuera. Trabaje diez años en la tienda. Mis jefas eran dos señoras y me sentía cómoda con ellas porque eran mujeres.

En mi país no me alcanzaba el dinero y pasamos mucha hambre. Siempre recuerdo que mi hermana menor me decía: "Tengo hambre". Nunca olvido eso.

Los padres deben pensar en el presente y el futuro de sus hijos, antes de tenerlos.

El dinero cambia a las personas

El dinero saca a relucir lo malo del ser humano. He podido verlo y me apena que personas pobres ahora tengan sus reales sin ningún esfuerzo. Se convierten en seres pedantes, llenos de complejos que no logran superar. Una persona no necesita ser bonita si tiene un corazón bueno, dulce, dadivoso y sencillo. Esa es una linda persona.

Yo pude ver la codicia de las personas por el dinero ajeno; la codicia que impide valorar el trabajo y el esfuerzo de quienes lucharon para tener algo. Sin embargo, las satisfacciones son grandes cuando las cosas se logran con esfuerzo y sacrificio.

En mi vida los logros fueron fruto del trabajo y el esfuerzo. Trabajé siete días a la semana, sin vacaciones, durante 17 años en este país. Nunca digo: "Yo tengo esto", no puedo. Soy una persona sencilla que comparte lo que tiene. Creo que el dinero no cambiaría mi relación con las personas necesitadas ni haría olvidar mi origen humilde.

Es preferible ser humilde con los pequeños que repartirse el botín con los soberbios.

www.ingramcontent.com/pod-product-compliance
Ingram Content Group UK Ltd.
Pitfield, Milton Keynes, MK11 3LW, UK
UKHW020138250726
13967UKWH00002B/734

9 781425 169237